Semear Juntos

ENSINO RELIGIOSO

Organizadora: Edições SM

Obra coletiva concebida, desenvolvida e produzida por Edições SM.

1ª edição, São Paulo, 2017

Semear Juntos - Ensino Religioso - Volume 2

Autoria M.ª Adoración Díaz Montejo, Lorenzo Sánchez Ramos, M.ª Elena Utrilla García, Mar Sánchez Sánchez, Hortensia Muñoz Castellanos
Colaboração Maximiano Escalera
Direção editorial M. Esther Nejm
Gerência editorial Cláudia Carvalho Neves
Gerência de *design* e produção André da Silva Monteiro
Edição executiva Hortensia Muñoz Castellanos, Ana Luiza Couto
Assessoria pedagógico-pastoral: Humberto Herrera
Edição: Mariana Albertini, Luciana Abud
Coordenação de controle editorial Camila Cunha
Suporte editorial: Alzira Bertholim, Fernanda D'Angelo, Fernanda Fortunato, Giselle Marangon, Silvana Siqueira, Talita Vieira
Coordenação de preparação e revisão Cláudia Rodrigues do Espírito Santo
Preparação e Revisão: Camila Durães Torres, Eliana Vila Nova de Souza, Izilda de Oliveira Pereira, Mariana Masotti, Valéria Cristina Borsanelli
Coordenação de *design* Gilciane Munhoz
***Design*:** Tiago Stéfano
Coordenação de arte Carmen Corrales, Ulisses Pires
Edição de arte: Sonsoles Prada, Ivan Toledo Prado
Assistência de arte: Antonia Rivero Moreno
Coordenação de iconografia Josiane Laurentino
Pesquisa iconográfica: Beatriz Fonseca Micsik, Tatiana Lubarino
Tratamento de imagem: Marcelo Casaro
Capa Fernanda Fencz
Ilustração de capa: Victor Beuren
Projeto gráfico Tiago Stéfano
Ilustrações Xavier Salomó, Ilustra Cartoon
Fabricação Alexander Maeda
Impressão Corprint

Dados Internacionais de Catalogação na Publicação (CIP)
(Câmara Brasileira do Livro, SP, Brasil)

Sánchez Sánchez, Mar
Semear juntos, volume 2 / Mar Sánchez Sánchez, Hortensia Muñoz Castellanos. – 1. ed. – São Paulo: Edições SM, 2017.

Suplementado pelo livro do professor
Bibliografia
ISBN: 978-85-418-1818-6 (aluno)
ISBN: 978-85-418-1819-3 (professor)

1. Ensino religioso (Ensino fundamental)
I. Muñoz Castellanos, Hortensia. II. Título.

17-05433 CDD-377.1

Índices para catálogo sistemático:
1. Educação religiosa nas escolas 377.1
2. Ensino religioso nas escolas 377.1
3. Religião: Ensino fundamental 377.1

1ª edição, 2017
2ª impressão, Junho 2019

Edições SM Ltda.
Rua Tenente Lycurgo Lopes da Cruz, 55
Água Branca 05036-120 São Paulo SP Brasil
Tel. 11 2111-7400
edicoessm@grupo-sm.com
www.edicoessm.com.br

APRESENTAÇÃO

QUERID@ ALUN@!

É COM ALEGRIA QUE COLOCAMOS EM SUAS MÃOS ESTE LIVRO, FEITO PARA VOCÊ, COM MUITO CARINHO E ATENÇÃO.

NOSSO DESEJO É QUE AS AULAS DE ENSINO RELIGIOSO SEJAM UMA PORTA QUE SE ABRE PARA UM HORIZONTE COM MUITAS POSSIBILIDADES DE CONHECIMENTO, INTERAÇÃO E DIÁLOGO.

QUEREMOS QUE VOCÊ CONHEÇA O TRANSCENDENTE QUE ILUMINA NOSSO DIA A DIA E INSPIRA PESSOAS A SEREM MELHORES UMAS COM AS OUTRAS.

ESPERAMOS QUE ESTE LIVRO POSSA SEMEAR EM VOCÊ ATITUDES DE SOLIDARIEDADE, ESCUTA RESPEITOSA, ESPIRITUALIDADE E SENSIBILIDADE PARA O QUE É BOM, BELO E JUSTO.

BOA TRILHA!

EQUIPE EDITORIAL

Xavier Salomó/ID/BR

SUMÁRIO

Xavier Salomó/ID/BR

CONHEÇA SEU LIVRO

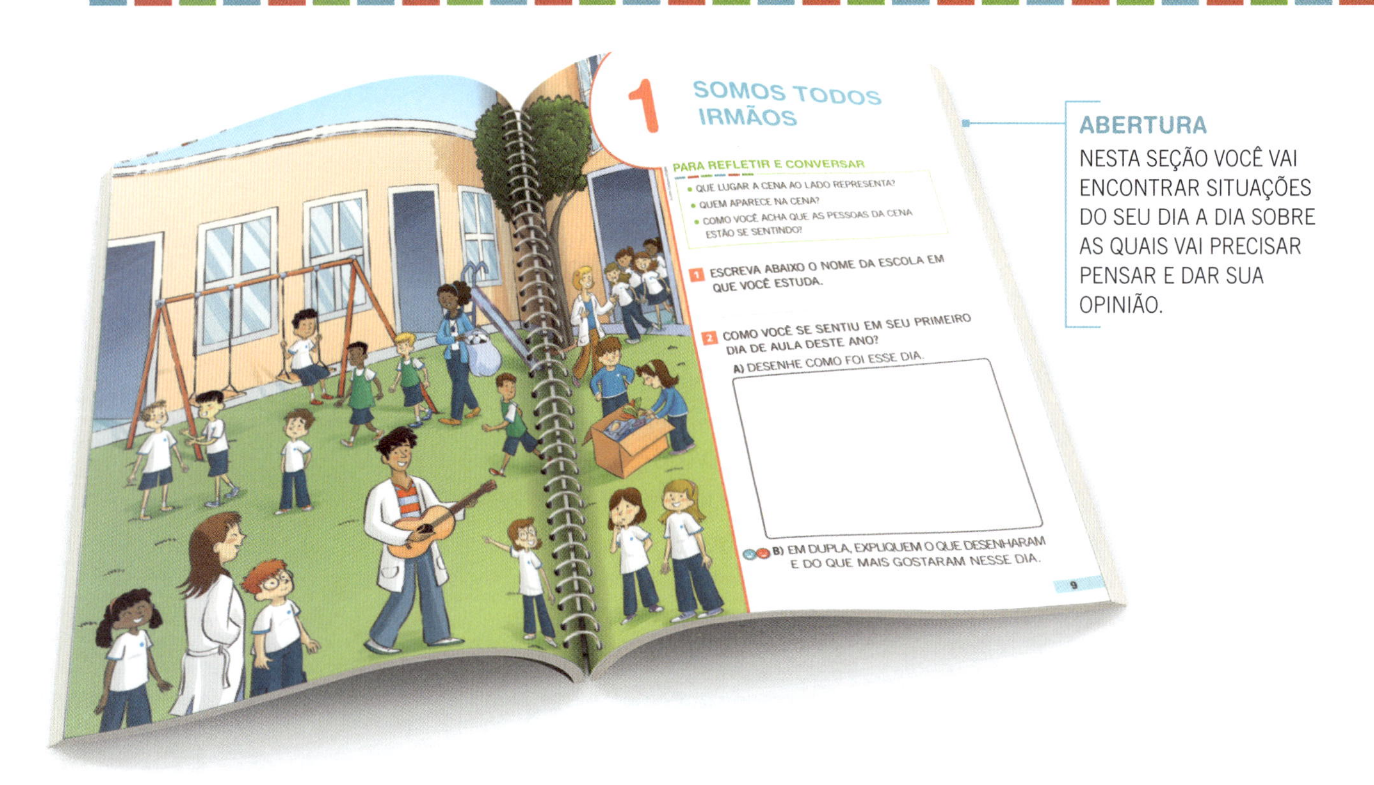

ABERTURA

NESTA SEÇÃO VOCÊ VAI ENCONTRAR SITUAÇÕES DO SEU DIA A DIA SOBRE AS QUAIS VAI PRECISAR PENSAR E DAR SUA OPINIÃO.

BOXE PARA REFLETIR E CONVERSAR

QUANDO ESTIVER APRENDENDO ALGO, É IMPORTANTE PENSAR SOBRE O NOVO CONHECIMENTO E COMPARTILHÁ-LO COM ALGUÉM. RESPONDA PERGUNTAS SOBRE O TEMA E CONVERSE COM OS COLEGAS.

PARA REFLETIR E CONVERSAR

- DEUS ORDENOU QUE ABRAÃO FOSSE MORAR EM OUTRO LUGAR. O QUE ABRAÃO FEZ?
- O QUE DEUS PROMETEU A ABRAÃO?
- QUAL ERA A MISSÃO DE MOISÉS?

LENDO A BÍBLIA

ENQUANTO O PROFESSOR LÊ AS HISTÓRIAS DA BÍBLIA APRESENTADAS NESTA SEÇÃO, VOCÊ PODE ACOMPANHAR PELAS ILUSTRAÇÕES.

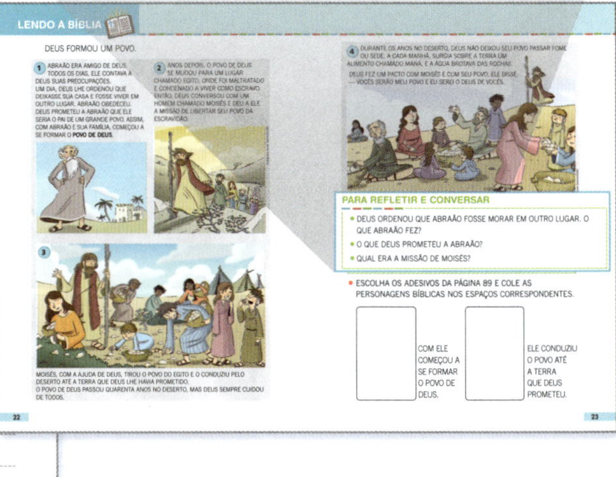

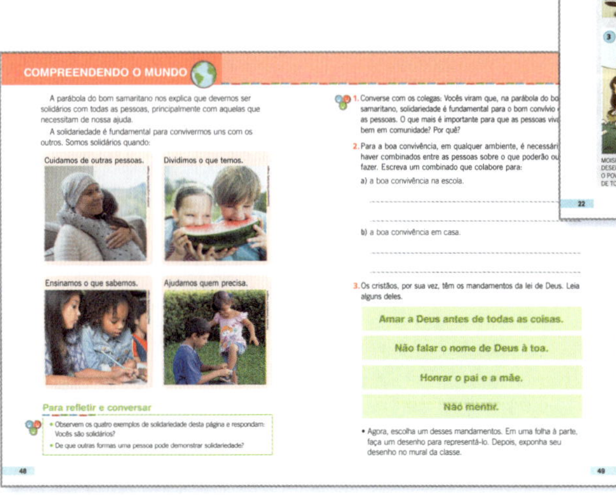

COMPREENDENDO O MUNDO

COMO OS CRISTÃOS VIVEM E COMPREENDEM O MUNDO? É O QUE VOCÊ VAI VER NESTA SEÇÃO. AS FOTOGRAFIAS RETRATAM O MUNDO QUE EXISTE À NOSSA VOLTA E A IMPORTÂNCIA DE DEUS EM TUDO O QUE EXISTE.

APRENDENDO UNS COM OS OUTROS

NEM TODAS AS PESSOAS TÊM A MESMA RELIGIÃO. MAS VOCÊ JÁ PENSOU QUE TODAS ELAS TÊM ALGO A ENSINAR? AQUI VOCÊ VAI CONHECER O JEITO DE CADA RELIGIÃO TRATAR DIFERENTES TEMAS.

RECORDANDO

ESTÁ NA HORA DE LEMBRAR TUDO O QUE VOCÊ APRENDEU NA UNIDADE, COM ATIVIDADES DIVERTIDAS.

APRENDENDO MAIS

VOCÊ VAI APRENDER UM POUCO SOBRE A VIDA E OS COSTUMES DE DIFERENTES CULTURAS E CONHECERÁ A OPINIÃO DE PESSOAS QUE TÊM ALGO A NOS ENSINAR.

VIVENDO O QUE APRENDEMOS

COMO COLOCAR EM PRÁTICA O QUE VOCÊ APRENDEU NA UNIDADE? COM ATIVIDADES ANIMADAS, PARA FAZER NA CLASSE OU EM CASA, COM A FAMÍLIA!

ATIVIDADES COMPLEMENTARES

ATIVIDADES BEM DIVERTIDAS, PARA VOCÊ NÃO SE ESQUECER DO QUE APRENDEU.

JOGO

O JOGO DESTA SEÇÃO LEVARÁ VOCÊ A PRATICAR OS ENSINAMENTOS DESTA COLEÇÃO.

CONHEÇA MAIS

COM AS SUGESTÕES DE LIVROS, FILMES, MÚSICAS E *SITES* DESTA SEÇÃO, VOCÊ VAI CONHECER AINDA MAIS SOBRE VALORES E ÉTICA.

ÍCONES

ESTES ÍCONES INDICAM SE VOCÊ DEVE FAZER A ATIVIDADE COM UM COLEGA, COM MAIS DE UM COLEGA OU EM CASA, COM SUA FAMÍLIA.

ATIVIDADE EM DUPLA

ATIVIDADE EM GRUPO

ATIVIDADE COM A FAMÍLIA

1 SOMOS TODOS IRMÃOS

Ilustra Cartoon/ID/BR

PARA REFLETIR E CONVERSAR

- QUE LUGAR A CENA AO LADO REPRESENTA?
- QUEM APARECE NA CENA?
- COMO VOCÊ ACHA QUE AS PESSOAS DA CENA ESTÃO SE SENTINDO?

1 ESCREVA ABAIXO O NOME DA ESCOLA EM QUE VOCÊ ESTUDA.

____

2 COMO VOCÊ SE SENTIU EM SEU PRIMEIRO DIA DE AULA DESTE ANO?

A) DESENHE COMO FOI ESSE DIA.

B) EM DUPLA, CONTEM O QUE DESENHARAM E DO QUE MAIS GOSTARAM NESSE DIA.

DEUS É O CRIADOR (*GÊNESIS* 1, 2 E 3).

1 DEUS CRIOU UM MUNDO MUITO BONITO E QUIS COMPARTILHÁ-LO. ENTÃO, CRIOU AS PESSOAS À SUA IMAGEM E SEMELHANÇA.
DEUS CHAMOU O HOMEM DE ADÃO E A MULHER DE EVA.

Ilustrações: Xavier Salomó/ID/BR

2 DEUS DEU A ELES AS PLANTAS COM SUAS SEMENTES, E AS ÁRVORES FRUTÍFERAS, PARA QUE COMESSEM SEUS FRUTOS.

TAMBÉM DEU A ELES OS PEIXES DO MAR, AS AVES DO CÉU E OS ANIMAIS QUE VIVEM NA TERRA, PARA QUE DELES CUIDASSEM.

3 DEUS VIU QUE TUDO O QUE HAVIA FEITO ERA MUITO BOM. ENTÃO, DISSE AO HOMEM E À MULHER:

– CRESCEI E MULTIPLICAI-VOS. POVOAI A TERRA E CUIDAI DELA.

Xavier Salomó/ID/BR

PARA REFLETIR E CONVERSAR

- POR QUE DEUS CRIOU O HOMEM E A MULHER?
- QUE NOME DEUS DEU A ELES?
- O QUE DEUS DEU AO HOMEM E À MULHER?

- SUBSTITUA OS NÚMEROS PELAS LETRAS CORRESPONDENTES PARA COMPLETAR A FRASE.

U	O	M	N	D	S	C	I	A	R	E
1	2	3	4	5	6	7	8	9	10	11

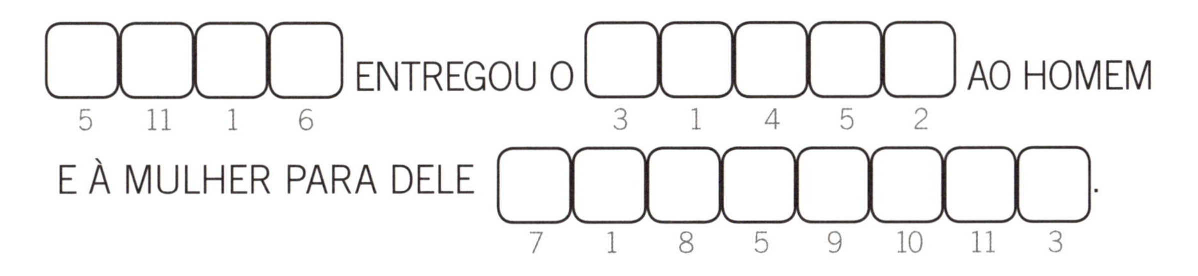

AS PESSOAS SÃO ÚNICAS E DIFERENTES.
TODAS AS PESSOAS SÃO IGUAIS PARA DEUS.

FOMOS CRIADOS POR DEUS.

DEUS AMA A TODAS AS PESSOAS.

De cima para baixo, da esquerda para a direita: Joan Vicent Canto Roig/iStock/Getty Images; Liza McCorkle/iStock/Getty Images; Weekend Images/iStock/Getty Images; mixetto/iStock/Getty Images; Skolova/Shutterstock.com/ID/BR; Evgeniia Trushkova/Shutterstock.com/ID/BR; DanielBendjy/iStock/Getty Images; Bartosz Hadyniak/iStock/Getty Images; artyme83/Shutterstock.com/ID/BR; mimagephotography/Shutterstock.com/ID/BR; FatCamera/iStock/Getty Images; Nate Derrick/Shutterstock.com/ID/BR; Denis Kuvaev/Shutterstock.com/ID/BR; valeriebarry/iStock/Getty Images; Refat/Shutterstock.com/ID/BR; Stuart Monk/iStock/Getty Images; MAHATHIR MOHD YASIN/Shutterstok.com/ID/BR; Jani Bryson/iStock/Getty Images; ESB Professional/Shutterstock.com/ID/BR; SungheeKang/Shutterstock.com/ID/BR.

PARA REFLETIR E CONVERSAR

- OBSERVE AS FOTOGRAFIAS DESTA PÁGINA E DEPOIS CONVERSE COM OS COLEGAS: O QUE AS CRIANÇAS TÊM EM COMUM?

1. OBSERVE AS CRIANÇAS DA PÁGINA ANTERIOR E COMPLETE OS DADOS.

QUANTAS CRIANÇAS USAM ÓCULOS?		QUANTAS CRIANÇAS SÃO MENINOS?	
QUANTAS ESTÃO FANTASIADAS?		QUANTAS SÃO MENINAS?	
QUANTAS ESTÃO COM A CABEÇA COBERTA?		HÁ QUANTAS CRIANÇAS?	
QUANTAS ESTÃO ESCREVENDO?		QUANTAS FORAM CRIADAS POR DEUS?	

- CONSIDERANDO OS DADOS DA TABELA, COMPLETE A FRASE.

SE HÁ ______________ CRIANÇAS NO MOSAICO DA PÁGINA ANTERIOR, HÁ ______________ PESSOAS IGUAIS PARA DEUS.

2. BUSQUE NO DIAGRAMA CINCO AÇÕES COMUNS ENTRE AS PESSOAS QUE TRATAM OS OUTROS COMO IRMÃOS.

CUIDAR **AJUDAR** **ACOLHER** **RESPEITAR** **COMPARTILHAR**

K	I	A	M	G	I	J	U	A	C	R	A
J	N	C	U	I	D	A	R	L	O	E	B
O	O	O	I	A	N	J	E	W	M	S	E
I	D	L	W	Y	A	R	S	A	P	P	N
A	A	H	B	E	A	A	P	R	A	I	Ç
D	I	E	D	K	J	V	E	S	R	T	J
E	A	R	U	M	U	B	I	F	T	O	O
S	V	C	R	N	D	R	T	G	I	S	A
I	O	I	E	R	A	T	A	I	L	A	D
M	I	A	S	V	R	U	R	U	H	V	E
A	R	L	G	Z	A	O	O	E	A	O	U
Y	A	N	T	A	I	E	M	O	R	L	Y

APRENDENDO UNS COM OS OUTROS

VÁRIAS RELIGIÕES CREEM QUE TODAS AS PESSOAS SÃO IRMÃS, OU SEJA, PERTENCEM A UMA MESMA FAMÍLIA. A ESSA CRENÇA SE DÁ O NOME DE **FRATERNIDADE UNIVERSAL**.

Design Pics Inc/Alamy/Fotoarena

CRIANÇAS E PROFESSORA CRISTÃS ESTUDAM A BÍBLIA.

NO **CRISTIANISMO**, JESUS ENSINA QUE DEUS É NOSSO PAI; POR ISSO, OS CRISTÃOS CREEM QUE SOMOS IGUAIS PARA DEUS.

NO **ISLAMISMO**, OS MUÇULMANOS CHAMAM DEUS DE ALÁ. ELES ACREDITAM QUE ALÁ É O CRIADOR E QUE ELE AMA A TODAS AS PESSOAS.

DistinctiveImages/iStock/Getty Images

CRIANÇAS LENDO O ALCORÃO.

Sam Bassett/Photonica World/Getty Images

CRIANÇAS NA HORA DO RECREIO EM ESCOLA JUDAICA.

O **JUDAÍSMO** ACREDITA QUE DEUS CRIOU TODAS AS PESSOAS, INDEPENDENTEMENTE DE SUA NACIONALIDADE.

1. SUBLINHE NO TEXTO O QUE CADA UMA DAS RELIGIÕES DIZ SOBRE A FRATERNIDADE UNIVERSAL.

2. EM DUPLA, CONVERSEM SOBRE O QUE É A FRATERNIDADE UNIVERSAL.

RECORDANDO

- AS PESSOAS SÃO ÚNICAS E DIFERENTES, MAS IGUAIS PARA DEUS.
- DEUS É NOSSO PAI, ELE NOS FEZ SEUS FILHOS.

1. COMPLETE A CENA QUE REPRESENTA A CRIAÇÃO DE DEUS COM OS ADESIVOS DA PÁGINA 89. DEPOIS, PINTE-A COMO PREFERIR.

Ilustra Cartoon/ID/BR

2. REESCREVA A FRASE ABAIXO SUBSTITUINDO AS IMAGENS POR PALAVRAS.

DEUS NOS DEU O  PARA DELE.

peiyang/Shutterstock/ID/BR; Thamy Secco/Shutterstock.com/ID/BR

_______________ _______________

A FAMÍLIA TERRESTRE

MUITAS PESSOAS AO REDOR DO MUNDO LUTAM PARA QUE TODOS POSSAM VIVER COMO IRMÃOS.

Tony Barson/FilmMagic/Getty Images

RIGOBERTA MENCHÚ TUM.

RIGOBERTA MENCHÚ TUM NASCEU NA GUATEMALA. ELA FAZ PARTE DA TRIBO INDÍGENA QUICHÉ. RIGOBERTA LUTA PELOS DIREITOS HUMANOS, PRINCIPALMENTE PELO DIREITO DOS POVOS INDÍGENAS.

NELSON MANDELA FOI UM IMPORTANTE PENSADOR E POLÍTICO DA ÁFRICA DO SUL. ELE LUTOU CONTRA A DISCRIMINAÇÃO RACIAL EM SEU PAÍS E NO MUNDO.

Alessia Pierdomenico/Shutterstock.com/ID/BR

NELSON MANDELA, EM FOTO DE 2006.

MAHATMA GANDHI FOI UM MESTRE INDIANO E PENSADOR DA RELIGIÃO HINDU. ELE PREGOU QUE TODOS OS HOMENS SÃO IRMÃOS E, POR ISSO, DEVEMOS QUERER O BEM DE TODOS E NOS AFASTAR DA VIOLÊNCIA.

Central Press/Getty Images

MAHATMA GANDHI, EM FOTO DE 1931.

Franco Origlia/Getty Images

PAPA FRANCISCO TIRANDO FOTO COM JOVENS CATÓLICOS EM ROMA, NA ITÁLIA.

O **PAPA FRANCISCO** NOS CONVIDA A EXPRESSAR O AMOR FRATERNAL POR TODAS AS PESSOAS.

"DESEJO QUE O DIÁLOGO ENTRE NÓS AJUDE A CONSTRUIR PONTES ENTRE TODOS OS HOMENS, DE TAL MODO QUE CADA UM POSSA ENCONTRAR NO OUTRO NÃO UM INIMIGO, MAS UM IRMÃO QUE SE DEVE ACOLHER E ABRAÇAR."

(PAPA FRANCISCO.)

- COMO ESSAS PESSOAS EXPRESSARAM A FRATERNIDADE? CONVERSE COM OS COLEGAS.

VIVENDO O QUE APRENDEMOS

APRENDEMOS QUE SOMOS IGUAIS PARA DEUS.

1. LEVE AS CRIANÇAS ÀS ATITUDES DE FRATERNIDADE.

Ilustra Cartoon/ID/BR

2. EM DUPLA, CONVERSEM: QUE ATITUDES FRATERNAS VOCÊS PODEM TER NA ESCOLA?

APRENDEMOS QUE DEVEMOS RESPEITAR A TODOS.

3. ESCREVA A PRIMEIRA LETRA DE CADA FIGURA E DESCUBRA A PALAVRA QUE VOCÊ APRENDEU NESTA UNIDADE.

4. EM CASA, PERGUNTE A SEUS FAMILIARES SE ELES SABEM O QUE É **FRATERNIDADE**.

- EXPLIQUE A ELES ALGUMAS ATITUDES FRATERNAS QUE VOCÊ APRENDEU NESTA UNIDADE.
- QUE AÇÕES FRATERNAS SEUS FAMILIARES VEEM EM VOCÊ? PINTE AS RESPOSTAS.

AJUDAR | RESPEITAR | COMPARTILHAR

5. FAÇA UM DESENHO DE VOCÊ PRATICANDO UMA DAS AÇÕES ACIMA. DEPOIS, MOSTRE SEU DESENHO AOS COLEGAS E CONTE A ELES O QUE VOCÊ CONVERSOU COM SUA FAMÍLIA.

2 FAZEMOS PARTE DE UMA COMUNIDADE

Xavier Salomó/ID/BR e Ilustra Cartoon/ID/BR

PARA REFLETIR E CONVERSAR

- ONDE ESTÃO AS CRIANÇAS DA CENA?
- O QUE ELAS ESTÃO FAZENDO?
- EM SUA OPINIÃO, COMO VOCÊ ACHA QUE ELAS ESTÃO SE SENTINDO?

1 HÁ TRÊS GRUPOS DE ALUNOS NA CENA. ESCREVA UM NOME PARA CADA GRUPO.

- POR QUE VOCÊ ESCOLHEU ESSES NOMES? EXPLIQUE AOS COLEGAS.

2 QUAL É SEU ESPORTE PREFERIDO? POR QUÊ? CONTE AOS COLEGAS.

3 EM UMA FOLHA À PARTE, DESENHE VOCÊ E ALGUNS COLEGAS PRATICANDO SEU ESPORTE PREFERIDO.

DEUS FORMOU UM POVO.

1 ABRAÃO ERA AMIGO DE DEUS. TODOS OS DIAS, ELE CONTAVA A DEUS SUAS PREOCUPAÇÕES.
UM DIA, DEUS LHE ORDENOU QUE DEIXASSE SUA CASA E FOSSE VIVER EM OUTRO LUGAR. ABRAÃO OBEDECEU.
DEUS PROMETEU A ABRAÃO QUE ELE SERIA O PAI DE UM GRANDE POVO. ASSIM, COM ABRAÃO E SUA FAMÍLIA, COMEÇOU A SE FORMAR O **POVO DE DEUS**.

2 ANOS DEPOIS, O POVO DE DEUS SE MUDOU PARA UM LUGAR CHAMADO EGITO, ONDE FOI MALTRATADO E CONDENADO A VIVER COMO ESCRAVO.
ENTÃO, DEUS CONVERSOU COM UM HOMEM CHAMADO MOISÉS E DEU A ELE A MISSÃO DE LIBERTAR SEU POVO DA ESCRAVIDÃO.

Ilustrações: Xavier Salomó/ID/BR

MOISÉS, COM A AJUDA DE DEUS, TIROU O POVO DO EGITO E O CONDUZIU PELO DESERTO ATÉ A TERRA QUE DEUS LHE HAVIA PROMETIDO.
O POVO DE DEUS PASSOU QUARENTA ANOS NO DESERTO, MAS DEUS SEMPRE CUIDOU DE TODOS.

4 DURANTE OS ANOS NO DESERTO, DEUS NÃO DEIXOU SEU POVO PASSAR FOME OU SEDE. A CADA MANHÃ, SURGIA SOBRE A TERRA UM ALIMENTO CHAMADO MANÁ, E A ÁGUA BROTAVA DAS ROCHAS.

DEUS FEZ UM PACTO COM MOISÉS E COM SEU POVO. ELE DISSE:
— VOCÊS SERÃO MEU POVO E EU SEREI O DEUS DE VOCÊS.

Xavier Salomó/ID/BR

PARA REFLETIR E CONVERSAR

- DEUS ORDENOU QUE ABRAÃO FOSSE MORAR EM OUTRO LUGAR. O QUE ABRAÃO FEZ?
- O QUE DEUS PROMETEU A ABRAÃO?
- QUAL ERA A MISSÃO DE MOISÉS?

- ESCOLHA OS ADESIVOS DA PÁGINA 89 E COLE AS PERSONAGENS BÍBLICAS NOS ESPAÇOS CORRESPONDENTES.

COM ELE COMEÇOU A SE FORMAR O POVO DE DEUS.

ELE CONDUZIU O POVO ATÉ A TERRA QUE DEUS PROMETEU.

COMPREENDENDO O MUNDO

AS PESSOAS FAZEM PARTE DE DIFERENTES COMUNIDADES.

OS CRISTÃOS FAZEM PARTE DO POVO DE DEUS. TODAS AS PESSOAS QUE QUISEREM PODEM FAZER PARTE DELE.

OBSERVE ALGUMAS COMUNIDADES ÀS QUAIS PERTENCEMOS.

A ESCOLA

Delfim Martins/Pulsar Imagens

ESCOLA DA COMUNIDADE INDÍGENA PIPIPÃ, EM FLORESTA, PERNAMBUCO.

A COMUNIDADE RELIGIOSA

Angelo Giampiccolo/Shutterstock.com/ID/BR

BATIZADO EM IGREJA CATÓLICA EM ROMA, ITÁLIA.

A COMUNIDADE LINGUÍSTICA

Ines Bazdar/iStock/Getty Images

CRIANÇAS CONVERSANDO.

O PAÍS

Filipe Frazao/Shutterstock.com/ID/BR

BANDEIRA DO BRASIL.

PARA REFLETIR E CONVERSAR

- CONVERSE COM OS COLEGAS: A QUE COMUNIDADES APRESENTADAS NESTA PÁGINA VOCÊS PERTENCEM?

1. DEUS FORMOU UM POVO. COMO SE CHAMA O POVO DE DEUS?

- RETIRE AS LETRAS DA PÁGINA 89 E COLE-AS NA ORDEM CORRETA PARA COMPLETAR A FRASE.

2. SUBSTITUA OS NÚMEROS PELAS LETRAS E DESCUBRA O NOME DO ESPAÇO SAGRADO.

P	U	S	D	Q	R	Z	T	I	O	N	G	M	E	A	C
1	2	3	4	5	6	7	8	9	10	11	12	13	14	15	16

A) DA ALDEIA GUARANI:

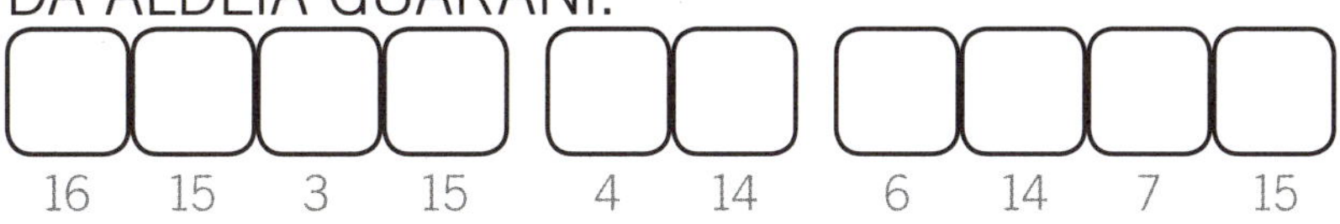

B) DO CANDOMBLÉ:

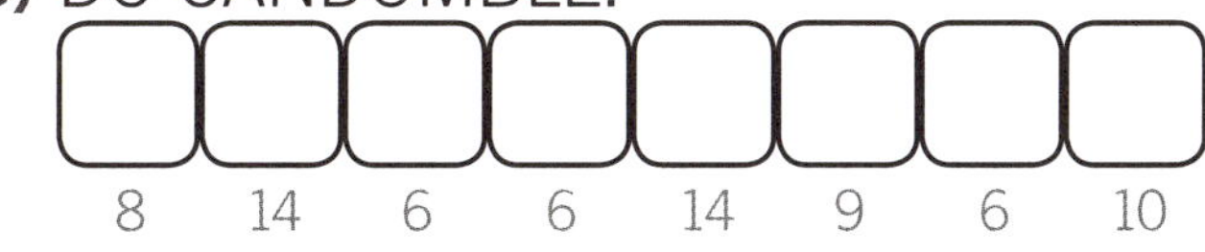

C) DO JUDAÍSMO:

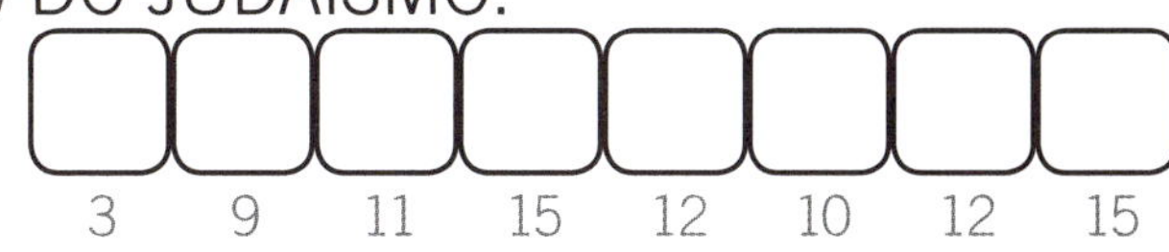

D) DO ISLAMISMO:

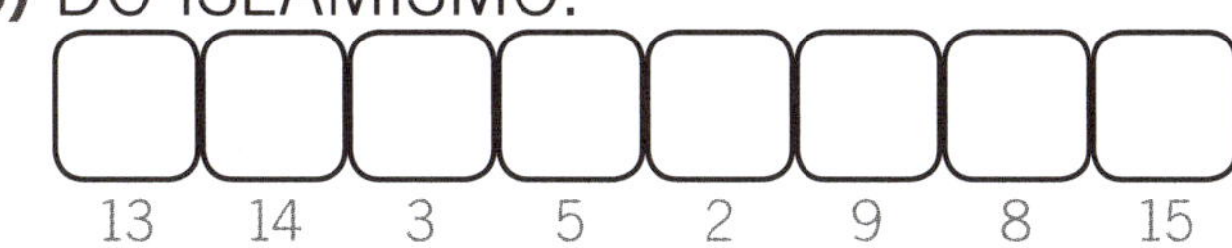

3. VOCÊ É BATIZADO? CONVERSE COM OS COLEGAS SOBRE O QUE SABEM A RESPEITO DO BATISMO NA IGREJA CATÓLICA.

HÁ PESSOAS QUE DECIDEM FAZER PARTE DE UMA COMUNIDADE RELIGIOSA E DEDICAR SUA VIDA A ELA.

Hercules Milas/Alamy/Fotoarena

MONGE CRISTÃO GREGO ORTODOXO, NO MOSTEIRO AGHIA TRIADA, NA GRÉCIA.

NO **CRISTIANISMO ORTODOXO**, MONGES E MONJAS VIVEM NOS MOSTEIROS, EM COMUNIDADES. ELES LEVAM UMA VIDA DE ORAÇÃO, SIMPLICIDADE E TRABALHO.

NO **BUDISMO**, OS MONGES VIVEM NOS TEMPLOS.

MENINOS TAMBÉM PODEM SE TORNAR MONGES. NA COMUNIDADE, ELES RASPAM A CABEÇA E SE DEDICAM À MEDITAÇÃO.

szefei/iStock/Getty Images

MONGES BUDISTAS NA TAILÂNDIA.

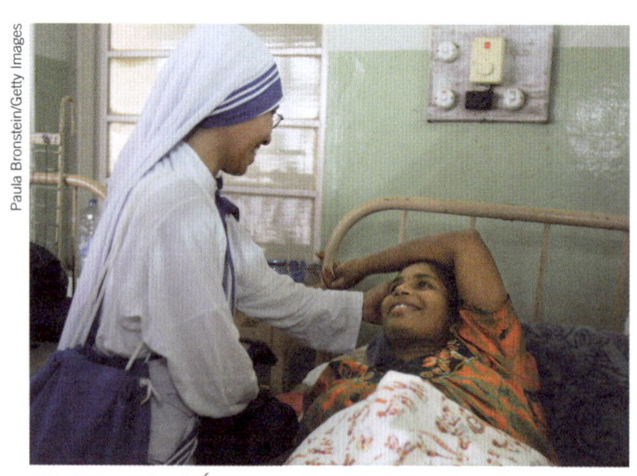

Paula Bronstein/Getty Images

FREIRA CATÓLICA NO SRI LANKA.

NO **CATOLICISMO**, FRADES E FREIRAS SE DEDICAM AOS SERVIÇOS RELIGIOSOS.

MUITAS FREIRAS AJUDAM OS ENFERMOS E OS MAIS POBRES, E EDUCAM CRIANÇAS, JOVENS E ADULTOS.

1. O QUE TÊM EM COMUM AS PESSOAS DAS DIFERENTES RELIGIÕES QUE VIVEM EM COMUNIDADE?

2. VOCÊ CONHECE RELIGIOSOS COMO OS CITADOS NESTA PÁGINA? CONTE AOS COLEGAS.

RECORDANDO

- AS PESSOAS FAZEM PARTE DE DIFERENTES GRUPOS OU COMUNIDADES.
- DEUS FORMOU UM POVO E O ACOMPANHA SEMPRE.
- O POVO DE DEUS É A IGREJA.

1. A QUE COMUNIDADES OU GRUPOS PERTENCEM AS CRIANÇAS DAS CENAS ABAIXO?

Ilustrações: Ilustra Cartoon/ID/BR

2. VOCÊ PARTICIPA DE ALGUMA COMUNIDADE QUE NÃO FOI REPRESENTADA NAS CENAS ACIMA? CONTE AOS COLEGAS.

VIVENDO JUNTOS EM COMUNIDADE

AS PESSOAS VIVEM EM VÁRIAS COMUNIDADES E PERTENCEM A DIVERSAS OUTRAS AO MESMO TEMPO.

MUITAS DESSAS COMUNIDADES SÃO MAIORES QUE NOSSO PRÓPRIO BAIRRO, ESCOLA OU PAÍS.

A **COMUNIDADE INDÍGENA** É FORMADA POR MUITOS POVOS DIFERENTES.

HÁ INDÍGENAS ESPALHADOS PELOS CINCO CONTINENTES.

OS INDÍGENAS FORAM OS PRIMEIROS HABITANTES DO BRASIL.

Rita Barreto

CRIANÇAS GUARANI EM BORACEIA, SÃO PAULO.

sanjeri/iStock/Getty Images

CIENTISTAS TRABALHANDO EM LABORATÓRIO.

A **COMUNIDADE CIENTÍFICA** É FORMADA POR HOMENS E MULHERES QUE, ENTRE OUTRAS COISAS, FAZEM PESQUISAS EM LABORATÓRIOS DE TODO O MUNDO.

ELES ESTÃO EM CONSTANTE COMUNICAÇÃO UNS COM OS OUTROS PARA COMPARTILHAR DESCOBERTAS.

Giuseppe Ciccia/Pacific Press/LightRocket/Getty Images

PAPA FRANCISCO E CORAL INFANTIL DA COREIA DO SUL DURANTE MISSA NO VATICANO.

AS PESSOAS QUE TÊM A MESMA RELIGIÃO, AINDA QUE VIVAM EM LUGARES DIFERENTES, FORMAM UMA **COMUNIDADE RELIGIOSA**. A CATÓLICA É UMA DAS COMUNIDADES RELIGIOSAS DO MUNDO.

A **COMUNIDADE DIGITAL** É FORMADA PELAS PESSOAS QUE UTILIZAM A INTERNET PARA APRENDER E PARA SE RELACIONAR. ESSAS PESSOAS TAMBÉM SÃO CHAMADAS DE INTERNAUTAS.

monkeybusinessimages/iStock/Getty Images

CRIANÇAS NAVEGANDO NA INTERNET.

1. EM DUPLA, RESPONDAM:

A) VOCÊS FAZEM PARTE DE ALGUMA DAS COMUNIDADES REPRESENTADAS NO TEXTO?

B) É POSSÍVEL PERTENCER A UMA COMUNIDADE SEM CONHECER PESSOALMENTE TODOS OS SEUS MEMBROS? CITE UM EXEMPLO.

APRENDEMOS QUE O POVO DE DEUS É A IGREJA.

1. OBSERVE AS CRIANÇAS DA CENA. AS PLACAS QUE ELAS SEGURAM MOSTRAM O QUE FAZEMOS NA IGREJA.

A) RETIRE O ADESIVO DA PÁGINA 89 E COLE A CRIANÇA NO LUGAR INDICADO.

B) LIGUE AS CRIANÇAS ATÉ A IGREJA.

C) PINTE A CENA COMO PREFERIR.

2. EM CASA, MOSTRE A SEUS FAMILIARES COMO VOCÊ PINTOU A CENA. DEPOIS, PERGUNTE A ELES O QUE MAIS GOSTAM DE FAZER NA IGREJA.

APRENDEMOS QUE A ESCOLA TAMBÉM É UMA COMUNIDADE.

3. OBSERVE AS CENAS ABAIXO.

NA ESCOLA, TENHO ATITUDES DE RESPEITO QUANDO...

ESPERO A MINHA VEZ DE FALAR.

PRESTO ATENÇÃO NAS AULAS.

Ilustrações: Ilustra Cartoon/ID/BR

TRATO COM EDUCAÇÃO OS FUNCIONÁRIOS DA ESCOLA.

- CONVERSE COM OS COLEGAS SOBRE OUTRAS ATITUDES DE RESPEITO NA ESCOLA. DEPOIS, ESCOLHA UMA DELAS E DESENHE-A EM UMA FOLHA À PARTE.

Xavier Salomó/ID/BR e Ilustra Cartoon/ID/BR

3 FAZEMOS PARTE DE UMA FAMÍLIA

PARA REFLETIR E CONVERSAR

- QUE MOMENTO DO DIA É REPRESENTADO NA CENA?
- O QUE CADA UMA DAS PESSOAS ESTÁ FAZENDO?
- EM SUA OPINIÃO, COMO ELAS ESTÃO SE SENTINDO?

1 MARQUE **V** (VERDADEIRO) OU **F** (FALSO) CONFORME O QUE VOCÊ VÊ NA CENA.

- [ ] HÁ UM BONÉ PENDURADO NO CABIDEIRO.
- [ ] O PAI PREPARA O CAFÉ DA MANHÃ.
- [ ] HÁ TRÊS QUADROS NA PAREDE.
- [ ] O ANIMAL DE ESTIMAÇÃO É UM CACHORRO.

2 HÁ ALGUMA SEMELHANÇA ENTRE A CENA E O QUE VOCÊ FAZ TODAS AS MANHÃS?

- ESCREVA ALGO QUE VOCÊ FAZ TODAS AS MANHÃS.

____

____

____

____

A FAMÍLIA DE MARIA, JOSÉ E JESUS (*EVANGELHO SEGUNDO LUCAS* 2, 1-19).

1 MARIA E JOSÉ VIVIAM EM NAZARÉ. MARIA ESTAVA PRESTES A DAR À LUZ.
CERTO DIA, VIAJARAM PARA BELÉM. QUANDO LÁ CHEGARAM, JÁ ERA NOITE E NÃO ENCONTRARAM VAGA EM NENHUMA HOSPEDARIA.
ENTÃO, MARIA E JOSÉ TIVERAM QUE SE ACOMODAR EM UM ESTÁBULO. E FOI ALI QUE JESUS NASCEU.

2 PERTO DE BELÉM, HAVIA PASTORES QUE CUIDAVAM DE SUAS OVELHAS. UM ANJO SE APROXIMOU DELES E AVISOU QUE JESUS HAVIA ACABADO DE NASCER.

Ilustrações: Xavier Salomó/ID/BR

3 DEPOIS QUE OUVIRAM A NOTÍCIA, OS PASTORES APRESSARAM-SE E FORAM ATÉ BELÉM PARA CONHECER JESUS.

4 ENTÃO, OS PASTORES CHEGARAM AO ESTÁBULO E ALI ENCONTRARAM MARIA, JOSÉ E JESUS, QUE ESTAVA DEITADO NA MANJEDOURA.

Xavier Salomó/ID/BR

PARA REFLETIR E CONVERSAR

- ONDE VIVIAM OS PAIS DE JESUS?
- PARA ONDE MARIA E JOSÉ VIAJARAM?
- EM QUE LUGAR NASCEU JESUS?
- QUEM AVISOU AOS PASTORES SOBRE O NASCIMENTO DE JESUS?

1. EM UMA FOLHA À PARTE, DESENHE O NASCIMENTO DE JESUS.

2. EM DUPLA, MOSTREM O DESENHO UM PARA O OUTRO E CONTEM COM SUAS PALAVRAS COMO FOI O NASCIMENTO DE JESUS.

COMPREENDENDO O MUNDO

A FAMÍLIA É A NOSSA PRIMEIRA ESCOLA.

A FAMÍLIA NOS ACOMPANHA E ESTÁ AO NOSSO LADO PARA NOS AJUDAR A CRESCER.

OBSERVE COMO A FAMÍLIA É IMPORTANTE EM NOSSA VIDA.

ELA CUIDA DE NÓS.

OJO Images/iStock/Getty Images

ELA NOS ENSINA A COLABORAR COM ALEGRIA.

JGalione/iStock/Getty Images

ELA NOS ENSINA A CONVIVER COM TODOS.

BraunS/iStock/Getty Images

ELA É A NOSSA PRIMEIRA ESCOLA.

Rosemarie Gearhart/iStock/Getty Images

PARA REFLETIR E CONVERSAR

- O QUE AS FAMÍLIAS DAS IMAGENS ESTÃO FAZENDO?
- CONVERSE COM OS COLEGAS: POR QUE A FAMÍLIA É A NOSSA PRIMEIRA ESCOLA?

1. APRESENTE SUA FAMÍLIA.

- DESENHE ALGUMAS PESSOAS QUE FAZEM PARTE DE SUA FAMÍLIA. ESCREVA O NOME DE CADA UMA DELAS TAMBÉM.

2. O QUE SUA FAMÍLIA ENSINOU A VOCÊ DE MAIS IMPORTANTE? USE SUA RESPOSTA EM UM CARTAZ ILUSTRADO POR VOCÊ, QUE SERÁ EXPOSTO NO COLÉGIO.

3. FORME UMA FRASE COM A PALAVRA FAMÍLIA.

A FAMÍLIA NOS TRANSMITE A FÉ.

Noam Armonn/Shutterstock.com/ID/BR

FAMÍLIA JUDAICA.

NO **JUDAÍSMO**, AS FAMÍLIAS COSTUMAM SE REUNIR ÀS SEXTAS-FEIRAS PARA COMPARTILHAR MOMENTOS JUNTOS E SAUDAR O SÁBADO, CONSIDERADO PELOS JUDEUS UM DIA SAGRADO E DE DESCANSO.

NO **ISLAMISMO**, É COMUM OS FAMILIARES SE REUNIREM PARA CELEBRAR O FIM DO RAMADÃ, UM PERÍODO EM QUE OS MUÇULMANOS PRATICAM JEJUM.

Zurijeta/Shutterstock.com/ID/BR

FAMÍLIA MUÇULMANA.

Mike Nelson/AFP

FAMÍLIA MÓRMON REFAZ, 150 ANOS DEPOIS, A JORNADA DE SEUS ANTEPASSADOS.

OS **MÓRMONS** SE REÚNEM PARA, EM FAMÍLIA, REVIVER O DIA A DIA DOS PIONEIROS, QUE DESBRAVARAM O INTERIOR DOS ESTADOS UNIDOS. ASSIM, REVERENCIAM SEUS ANTEPASSADOS E APRENDEM A HUMILDADE.

1. A SUA FAMÍLIA TEM ALGO EM COMUM COM AS FAMÍLIAS DESCRITAS NESTA PÁGINA?

2. O QUE VOCÊ E SUA FAMÍLIA COSTUMAM FAZER JUNTOS? CONTE AOS COLEGAS.

RECORDANDO

- FICAMOS ALEGRES POR TER UMA FAMÍLIA QUE NOS AMA.
- CRESCEMOS E APRENDEMOS A SER PESSOAS MELHORES COM A FAMÍLIA.

1. QUE PESSOAS FAZIAM PARTE DA FAMÍLIA DE JESUS? PARA RESPONDER, RECORTE AS PEÇAS DA PÁGINA 93 E MONTE OS QUEBRA-CABEÇAS.

2. ASSINALE COM **X** AS FRASES CORRETAS.

A) JESUS NASCEU EM UM HOSPITAL. ☐

B) UMA MULHER AVISOU AOS PASTORES SOBRE O NASCIMENTO DE JESUS. ☐

C) MARIA É A MÃE DE JESUS. ☐

D) JESUS NASCEU EM UM ESTÁBULO. ☐

E) UM ANJO AVISOU AOS PASTORES SOBRE O NASCIMENTO DE JESUS. ☐

AS FAMÍLIAS DO MUNDO

A FAMÍLIA, EM SUAS VARIADAS FORMAS, É A BASE DA SOCIEDADE EM TODO O MUNDO.

Jure Gasparic/iStock/Getty Images

FAMÍLIA BRASILEIRA.

A POPULAÇÃO BRASILEIRA É FORMADA POR PESSOAS COM APARÊNCIAS DIVERSAS. ISSO ACONTECE PORQUE SOMOS DESCENDENTES DE VÁRIOS POVOS, COMO OS EUROPEUS, OS ASIÁTICOS, OS AFRICANOS E OS INDÍGENAS.

POR ISSO, EM MUITAS **FAMÍLIAS BRASILEIRAS**, HÁ UNIÃO DE PESSOAS DE CULTURAS E HÁBITOS DISTINTOS.

agafapaperiapunta/iStock/Getty Images

FAMÍLIA NIGERIANA.

EM MUITAS **FAMÍLIAS NIGERIANAS**, É COMUM QUE PAIS, FILHOS, TIOS, PRIMOS, AVÓS E OUTROS PARENTES MOREM BEM PERTO UNS DOS OUTROS OU ATÉ MESMO TODOS JUNTOS. ESSE TIPO DE CONJUNTO FAMILIAR É CHAMADO DE FAMÍLIA ESTENDIDA.

A **FAMÍLIA INDÍGENA** É MUITO UNIDA A TODA A COMUNIDADE, CONSIDERADA TAMBÉM UMA FAMÍLIA. NAS ALDEIAS, AS TAREFAS SÃO DIVIDIDAS ENTRE HOMENS, MULHERES, IDOSOS, JOVENS E CRIANÇAS.

Renato Soares/Pulsar Imagens

FAMÍLIA INDÍGENA.

1. CONVERSE COM OS COLEGAS SOBRE OS TIPOS DE FAMÍLIA APRESENTADOS.

A) QUE TIPO DE FAMÍLIA SE PARECE MAIS COM A SUA? POR QUÊ?

B) QUE TIPO DE FAMÍLIA É A MAIS DIFERENTE DA SUA? POR QUÊ?

APRENDEMOS QUE A FAMÍLIA É A NOSSA PRIMEIRA ESCOLA.

1. EM CASA, PEÇA A UM FAMILIAR PARA DESENHAR NO ESPAÇO ABAIXO ALGO QUE ELE APRENDEU COM VOCÊ.

- PERGUNTE A SEUS FAMILIARES O QUE ELES APRENDERAM COM OS PAIS OU AVÓS DELES.

2. NA CLASSE, CONTE AOS COLEGAS O QUE VOCÊ CONVERSOU COM SUA FAMÍLIA.

APRENDEMOS QUE AS FAMÍLIAS SÃO DIFERENTES.

3. RESOLVA A CRUZADINHA.

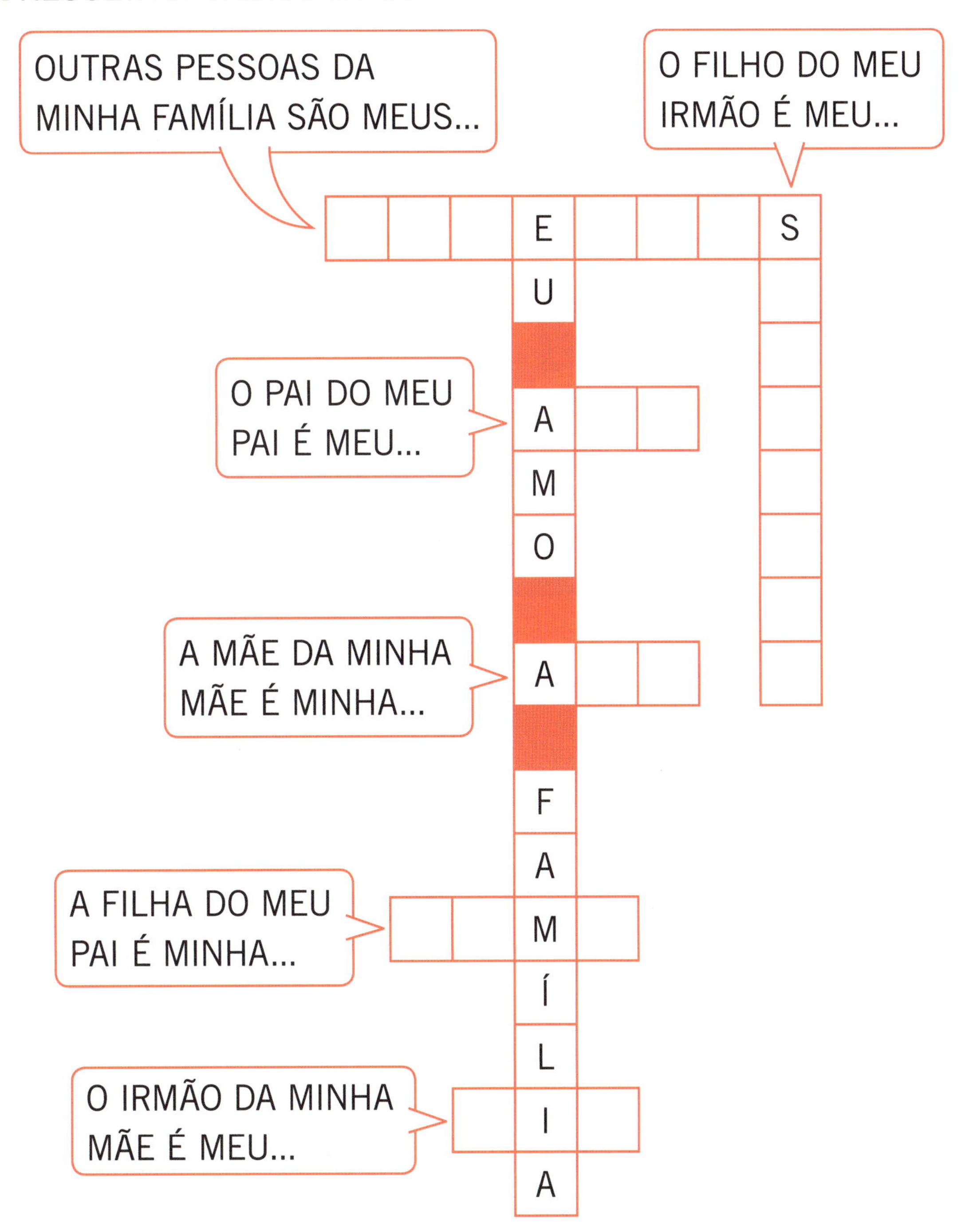

- NA SUA FAMÍLIA HÁ TODOS ESSES MEMBROS? CONVERSE COM OS COLEGAS PARA SABER SE A FAMÍLIA DELES É GRANDE OU PEQUENA.

Ilustra Cartoon/ID/BR

4 APRENDEMOS A VIVER EM COMUNIDADE

Para refletir e conversar

- Onde estão as crianças que aparecem na cena?
- Elas estão se divertindo?
- Em sua opinião, todas as crianças estão felizes?

1 Na cena, circule de vermelho:

a) uma criança que está sozinha;

b) uma criança que está caída no chão;

c) a menina que deixou cair o brinquedo;

d) duas crianças que querem o brinquedo de volta.

2 O que está acontecendo com cada uma das crianças que você circulou?

3 Na cena, circule de azul cada uma das crianças que aparecem abaixo.

Ilustra Cartoon/ID/BR

4 Converse com os colegas.

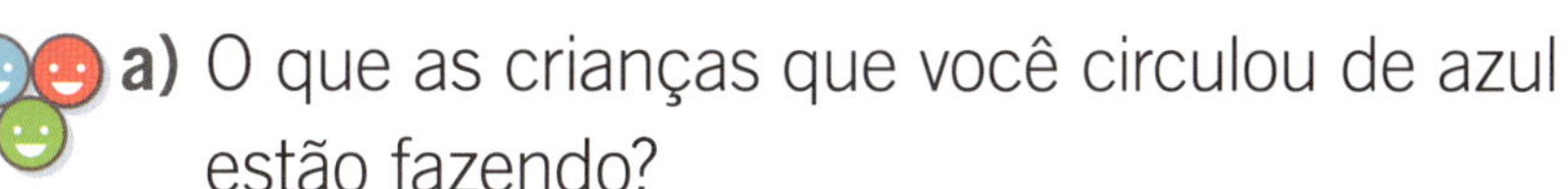

a) O que as crianças que você circulou de azul estão fazendo?

b) Conte o que você faria se fosse uma delas.

O bom samaritano (*Evangelho segundo Lucas* 10, 30-37).

1 Certo dia, um homem precisou viajar de Jerusalém para Jericó. Quando estava no meio do caminho, ele foi assaltado.
Os ladrões levaram tudo o que ele tinha e o agrediram.

2 O homem caiu, ficou ferido e muito triste.

Ilustrações: Xavier Salomó/ID/BR

3 Uma pessoa muito importante na região passou por ali e viu o homem ferido, mas, como tinha muita pressa, não parou para ajudá-lo.

4 Mais tarde, outro homem que morava por perto passou pelo mesmo caminho. Mas esse também não parou.

5 Pouco tempo depois, passou por ali um viajante estrangeiro, vindo da Samaria. Ao ver o homem caído, ele parou e o ajudou.

6 Para cuidar melhor do homem ferido, o samaritano o levou até o povoado mais próximo.

7 O samaritano disse ao homem:

Ilustrações: Xavier Salomó/ID/BR

Para refletir e conversar

- Em dupla, contem com suas palavras o que aconteceu com o homem que viajava de Jerusalém para Jericó.
- Quem o ajudou?

- No dia a dia, como é possível imitar o samaritano? Desenhe no espaço abaixo.

COMPREENDENDO O MUNDO

A parábola do bom samaritano nos explica que devemos ser solidários com todas as pessoas, principalmente com aquelas que necessitam de nossa ajuda.

A solidariedade é fundamental para convivermos uns com os outros. Somos solidários quando:

Cuidamos de outras pessoas.

Jonathan Long/iStock/Getty Images

Dividimos o que temos.

Squaredpixels/iStock/Getty Images

Ensinamos o que sabemos.

fstop123/iStock/Getty Images

Ajudamos quem precisa.

Fernando Favoretto/Criar Imagem.

Para refletir e conversar

- Observem os quatro exemplos de solidariedade desta página e respondam: Vocês são solidários?
- De que outras formas uma pessoa pode demonstrar solidariedade?

1. Converse com os colegas: Vocês viram que, na parábola do bom samaritano, solidariedade é fundamental para o bom convívio entre as pessoas. O que mais é importante para que as pessoas vivam bem em comunidade? Por quê?

2. Para a boa convivência, em qualquer ambiente, é necessário haver combinados entre as pessoas sobre o que poderão ou não fazer. Escreva um combinado que colabore para:

   a) a boa convivência na escola.

   ____

   ____

   b) a boa convivência em casa.

   ____

   ____

3. Os cristãos, por sua vez, têm os mandamentos da lei de Deus. Leia alguns deles.

Amar a Deus antes de todas as coisas.

Não falar o nome de Deus à toa.

Honrar o pai e a mãe.

Não mentir.

- Agora, escolha um desses mandamentos. Em uma folha à parte, faça um desenho para representá-lo. Depois, exponha seu desenho no mural da classe.

Em todas as religiões, há regras para que as pessoas vivam em harmonia. Uma delas é chamada de **regra de ouro** e é compartilhada por várias religiões do mundo:

Trate as pessoas como você gostaria de ser tratado.

PK.Inspiration_06/Shutterstock.com
Monge budista.

Budismo

De acordo com Buda, se você considera que alguma coisa é ruim para você, então não deve desejá-la a outra pessoa.

Islamismo

De acordo com o profeta Maomé, o verdadeiro muçulmano é aquele que deseja para seu próximo o que deseja para si mesmo.

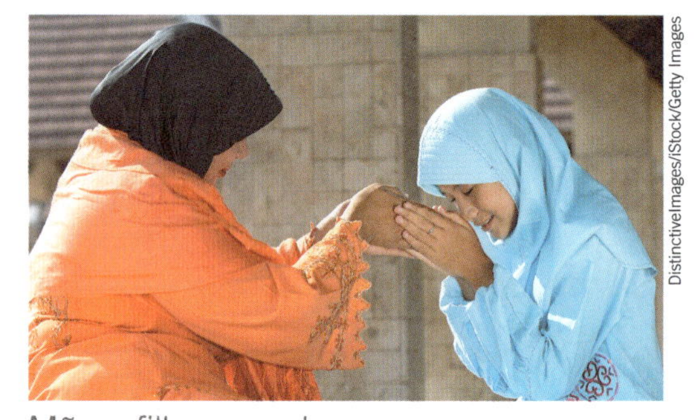
DistinctiveImages/iStock/Getty Images
Mãe e filha muçulmanas.

aflor/E+/Getty Images
Voluntária cristã distribuindo alimentos na África.

Cristianismo

Jesus disse:

— Pergunte a você mesmo o que quer que os outros façam a você, e, então, faça o mesmo a eles. (*Evangelho segundo Mateus* 7, 12)

1. Releia com atenção a regra de ouro das três religiões e converse com os colegas:

- O budismo, o islamismo e o cristianismo consideram importante a convivência com o próximo?

2. Expliquem a regra de ouro com suas palavras.

RECORDANDO

- Ser solidário e fazer o bem ao próximo são atitudes fundamentais para a boa convivência.
- Todos nós devemos contribuir para conviver bem com as pessoas.

1. Você se lembra da cena das páginas 44 e 45? Veja o que as crianças estão fazendo agora.

Ilustra Cartoon/ID/BR

a) O que mudou?

b) Em dupla, conversem sobre o que cada grupo de crianças está fazendo.

c) Pinte as crianças como quiser.

2. Recorte da página 95 a imagem de uma criança que está ajudando a outra e cole-a na cena.

Colaboramos para o bem

Há muitos exemplos de boa convivência e cooperação entre os países. Quando trabalhamos juntos para o bem de todos, conseguimos alcançar grandes conquistas para a humanidade.

A **Estação Espacial Internacional** é um exemplo de cooperação entre vários países. Muitas pessoas, em diversas partes do mundo e de várias nacionalidades, trabalham para que a estação funcione.

NASA/Shutterstock.com

Estação Espacial Internacional.

A **Organização das Nações Unidas (ONU)** é a maior organização internacional que existe. Ela criou um documento muito conhecido: a Declaração Universal dos Direitos Humanos. Essa declaração descreve os direitos humanos, que são iguais para todos.

O **Movimento Internacional da Cruz Vermelha e do Crescente Vermelho** é uma das maiores organizações de ajuda humanitária do mundo. Ela está presente em mais de 190 países em todo o mundo.

kojoku/Shutterstock.com

Voluntários da Cruz Vermelha distribuem alimentos em Gori, na Geórgia.

Ammentorp Photography/iStock/Getty Images

Pessoas pesquisando na internet.

A **Wikipédia** é uma enciclopédia que está na internet. Ela é composta de mais de mil artigos livres escritos por milhares de pessoas de todo o mundo. É um exemplo de colaboração. Todos os meses, milhões de pessoas visitam o *site* da Wikipédia.

1. Converse com os colegas sobre os exemplos de colaboração e solidariedade.

a) De qual você gostou mais? Por quê?

b) Qual você achou mais importante? Por quê?

2. Como você colabora com os colegas na escola? Explique.

VIVENDO O QUE APRENDEMOS

Aprendemos que ajudamos uns aos outros em nossa comunidade.

1. Observe as cenas abaixo. O que as crianças estão fazendo?

Ilustrações: Ilustra Cartoon/ID/BR

2. Em casa, mostre as imagens desta página a sua família e conversem sobre elas.

   a) Pergunte a seus familiares como ajudavam em casa quando eram crianças.

   b) Em uma folha à parte, registre as respostas de sua família por meio de um desenho.

3. Em classe, compartilhe com os colegas o desenho que você fez e conte a eles sobre a conversa com sua família.

Aprendemos a ser solidários e a respeitar todas as pessoas.

4. Marque com **X** as imagens que representam as pessoas que devem ser respeitadas.

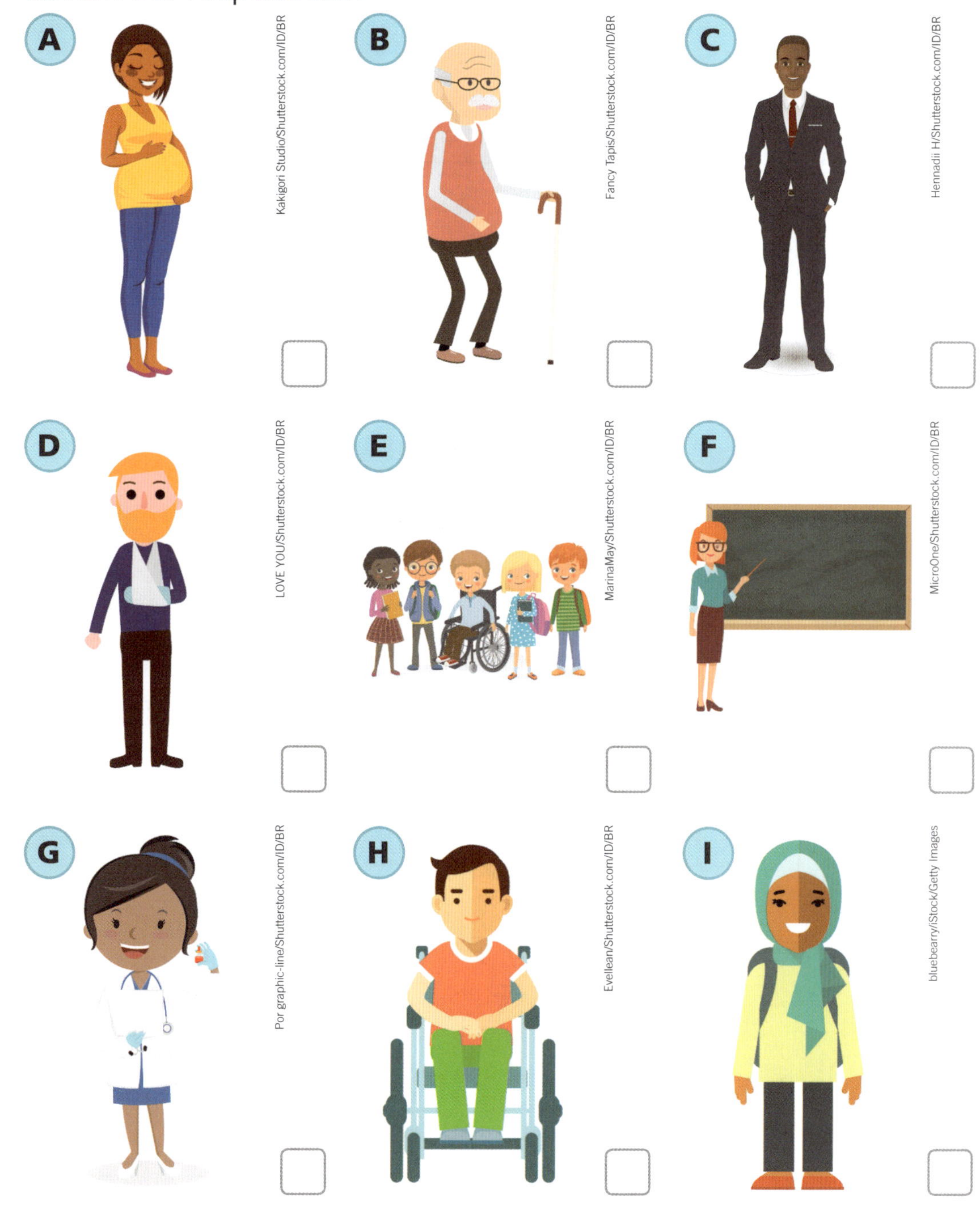

Kakigori Studio/Shutterstock.com/ID/BR
Fancy Tapis/Shutterstock.com/ID/BR
Hennadii H/Shutterstock.com/ID/BR
LOVE YOU/Shutterstock.com/ID/BR
MarinaMay/Shutterstock.com/ID/BR
MicroOne/Shutterstock.com/ID/BR
Por graphic-line/Shutterstock.com/ID/BR
Evellean/Shutterstock.com/ID/BR
bluebeanry/iStock/Getty Images

5. Complete a frase abaixo.

TODAS AS PESSOAS MERECEM ______________________.

Xavier Salomó/ID/BR e Ilustra Cartoon/ID/BR

5 CONVIVEMOS UNS COM OS OUTROS

Para refletir e conversar

- Que momento do dia é representado na cena?
- O que cada uma das pessoas está fazendo?
- Como você acha que as pessoas estão se sentindo?

1 As crianças que aparecem na cena estão se preparando para dormir. O que você acha que elas fazem antes de se deitar? Marque com **X**.

- [ ] Escovam os dentes.
- [ ] Vestem o pijama.
- [ ] Contam aos pais o que fizeram de mais importante durante o dia.
- [ ] Desejam boa noite a todos.
- [ ] Apagam a luz.

- E você, o que faz todas as noites antes de dormir? Escreva.

____

____

2 Converse com os colegas.

a) Na cena, o que você acha que a menina está contando à mãe? Por quê?

b) Você costuma conversar com seus familiares antes de dormir? Sobre o que vocês falam?

O Pai-nosso (*Evangelho segundo Mateus* 6, 9-15).

1 Todos os dias, Jesus separava um momento para falar com Deus a sós. Jesus contava a Deus suas alegrias, tristezas e o que acontecia em seu dia a dia. Jesus também ensinava as pessoas a amar a Deus e a confiar Nele.

Ilustrações: Xavier Salomó/ID/BR

2

3 Jesus convidou todas as pessoas a falarem com Deus, como Ele próprio fazia.

4 Certo dia, algumas pessoas pediram a Jesus que as ensinasse a rezar. Jesus disse a elas que rezar é falar com Deus, assim como falam com seus pais ou com um amigo.

Para refletir e conversar

- Jesus falava com Deus todos os dias. O que Ele contava a Deus?
- O que Jesus ensinava às pessoas?
- O que Jesus fez quando as pessoas pediram a Ele que as ensinasse a rezar?

- Forme, com as letras da na página 95, o nome da oração que Jesus nos ensinou.

COMPREENDENDO O MUNDO

Todos os dias, precisamos conviver com as pessoas e confiar nelas.

As pessoas religiosas se relacionam com Deus e confiam Nele.

Observe como os católicos se relacionam com as pessoas e com Deus.

Em família, damos graças a Deus antes das refeições.

Monkey Business Images/Shutterstock.com/ID/BR

Ao levantarmos pela manhã e ao deitarmos à noite, pedimos a Deus aquilo de que necessitamos.

Gregory Johnston/iStock/Getty Images

Em grupo, rezamos o Pai-nosso ou cantamos.

FatCamera/iStock/Getty Images

Na igreja, escutamos a palavra de Deus e comungamos.

Cheryl Gerber/Getty Images

Para refletir e conversar

- Você gosta de falar com Deus? Quando você faz isso?
- Qual é sua maneira preferida de rezar? Que orações você conhece?
- Por que você fala com Deus? O que você conta a Ele?

1. Pinte o caminho até o final. Depois, leia a oração completa do Pai-nosso.

2. Convide os colegas a rezar o Pai-nosso, a oração que Jesus nos ensinou.

APRENDENDO UNS COM OS OUTROS

As pessoas de todas as religiões dedicam um período do dia para falar com Deus.

Distinctive Images/iStock/Getty Images

Meninos muçulmanos orando em uma mesquita na Indonésia.

Os **muçulmanos** oram cinco vezes ao dia: ao amanhecer, ao meio-dia, à tarde, logo após o pôr do sol e à noite.

Os **judeus** costumam falar com Deus em três momentos do dia: pela manhã, à tarde e no fim do dia.

jcarillet/iStock/Getty Images

Judeus orando em muro sagrado, em Jerusalém, Israel.

szefei/Shutterstock.com/ID/BR

Mulher hindu meditando diante de altar, na Índia.

Os **hindus** têm em casa um altar dedicado aos seus deuses, no qual colocam estatuetas ou quadros com a imagem dos deuses. Todos os dias, a família oferece flores e incenso a eles, e medita diante deles.

1. Como as pessoas das três religiões citadas no texto fazem suas orações? Converse com os colegas.

2. Em uma folha à parte, desenhe ou cole uma fotografia do lugar onde você e sua família fazem orações.

RECORDANDO

- As pessoas precisam se comunicar e se relacionar umas com as outras.
- As pessoas religiosas precisam se comunicar e se relacionar com Deus.

1. Use as letras da página 95 para responder as perguntas a seguir.

a) Quem nos ensinou o Pai-nosso?

b) O que significa “falar com Deus”?

2. Complete as frases abaixo com as palavras dos quadros.

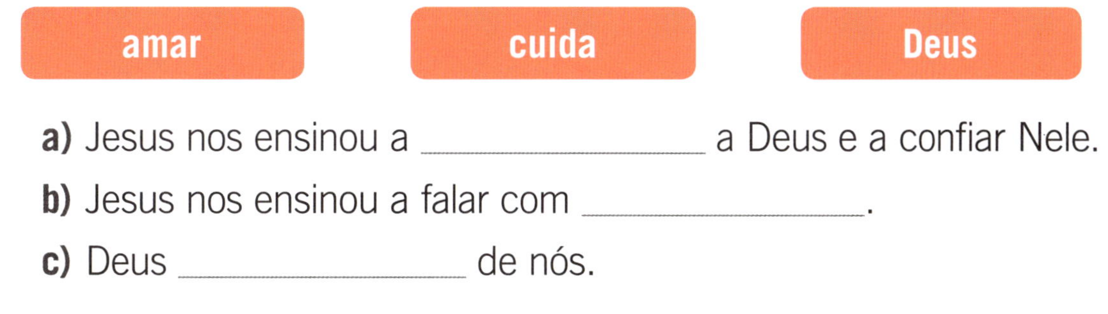

amar | **cuida** | **Deus**

a) Jesus nos ensinou a _______________ a Deus e a confiar Nele.

b) Jesus nos ensinou a falar com _______________.

c) Deus _______________ de nós.

3. Em uma folha à parte, desenhe um momento do dia em que você faz uma oração.

a) Mostre aos colegas o que você desenhou e veja os desenhos deles também.

b) Os desenhos ficaram parecidos? Por quê?

Encontrar-se com Deus

Wavebreakmedia/iStock/Getty Images

Mulher fazendo uma oração em casa.

Diariamente, pessoas do mundo inteiro buscam a Deus em igrejas, templos e até mesmo em casa, fazendo uma oração.

Certa vez, Jesus quis ficar a sós para falar com Deus. Então, Ele foi ao deserto e ficou lá por vários dias.

Ao longo da história, muitas pessoas têm buscado lugares especiais para se encontrar com Deus, como cavernas e montanhas. Outras encontram Deus na perfeição da natureza ou na arte.

Observe alguns exemplos.

Em lugares altos

Uluru é o nome de uma grande pedra considerada sagrada para alguns povos originários da Austrália. Para eles, ali vivem os espíritos dos criadores do mundo.

As pessoas que acreditam que essa pedra é um lugar sagrado costumam pedir aos turistas que não subam nela, pois querem preservá-la.

JTB Photo/UIG via Getty Images

Uluru, na Austrália.

Na arte

Os dervixes islâmicos são bailarinos que buscam a união com Deus. Creem que, ao dançar, recebem a bênção do céu e a levam à Terra para reparti-la entre as pessoas.

Mevlana-Semazen/iStock/Getty Images

Dervixes islâmicos dançando na cidade de Konya, na Turquia.

Através da Ciência

O cientista Albert Einstein, ao investigar a natureza e as leis do Universo, descobriu a harmonia que havia entre todas as coisas. Einstein sentiu muita admiração pela perfeição como tudo funcionava e ficou maravilhado.

Lambert/Keystone/Getty Images

Albert Einstein, em foto de 1933.

1. Em dupla, citem exemplos de lugares em que algumas pessoas buscavam ou buscam a Deus, segundo o texto.

2. Como os dervixes islâmicos buscam a Deus?

3. O que deixou Einstein maravilhado? Por quê?

Aprendemos que rezar é falar com Deus.

1. Observe as duas cenas abaixo.

Ilustrações: Ilustra Cartoon/ID/BR

- Em dupla, conversem sobre o que está acontecendo em cada situação.

2. Converse com sua família sobre a atividade anterior.

a) O que vocês gostariam que fosse diferente nas cenas A e B?

b) Como vocês rezariam por essas pessoas?

c) Em uma folha à parte, escreva a oração com sua família e leve para a classe.

3. Mostre aos colegas a oração que você trouxe de casa e responda com eles:

a) As orações das famílias ficaram parecidas?

b) Vocês conhecem pessoas que passam por situações semelhantes às das cenas A e B?

c) Vocês costumam rezar por elas?

Aprendemos que as pessoas buscam a Deus.

Você sabe o que é uma procissão católica?

Ela acontece quando vários católicos caminham juntos pelas ruas da cidade, cantando, rezando e louvando a Deus. Em muitas procissões, a Virgem Maria, uma santa ou um santo também são celebrados.

4. Observe algumas procissões no Brasil.

Kevin David/A7 Press/Folhapress

Procissão de fiéis celebrando Nossa Senhora de Fátima, no bairro de Sumaré, no município de São Paulo.

Adriana Spaca/LatinContent/Getty Images

Procissão do Círio de Nossa Senhora de Nazaré, no município de Belém do Pará.

Angelo Duarte/Tyba

Procissão do festejo de São Sebastião, no município do Rio de Janeiro.

5. Em casa, pergunte a seus familiares o que eles sabem sobre procissões e se eles têm o costume de participar de alguma.

6. Em classe, conte aos colegas o que você conversou com seus familiares. Ouça com atenção o que os colegas vão contar.

7. Em uma folha à parte, desenhe o que você aprendeu sobre procissões.

Nosso grupo vai representar o colégio em um concerto!

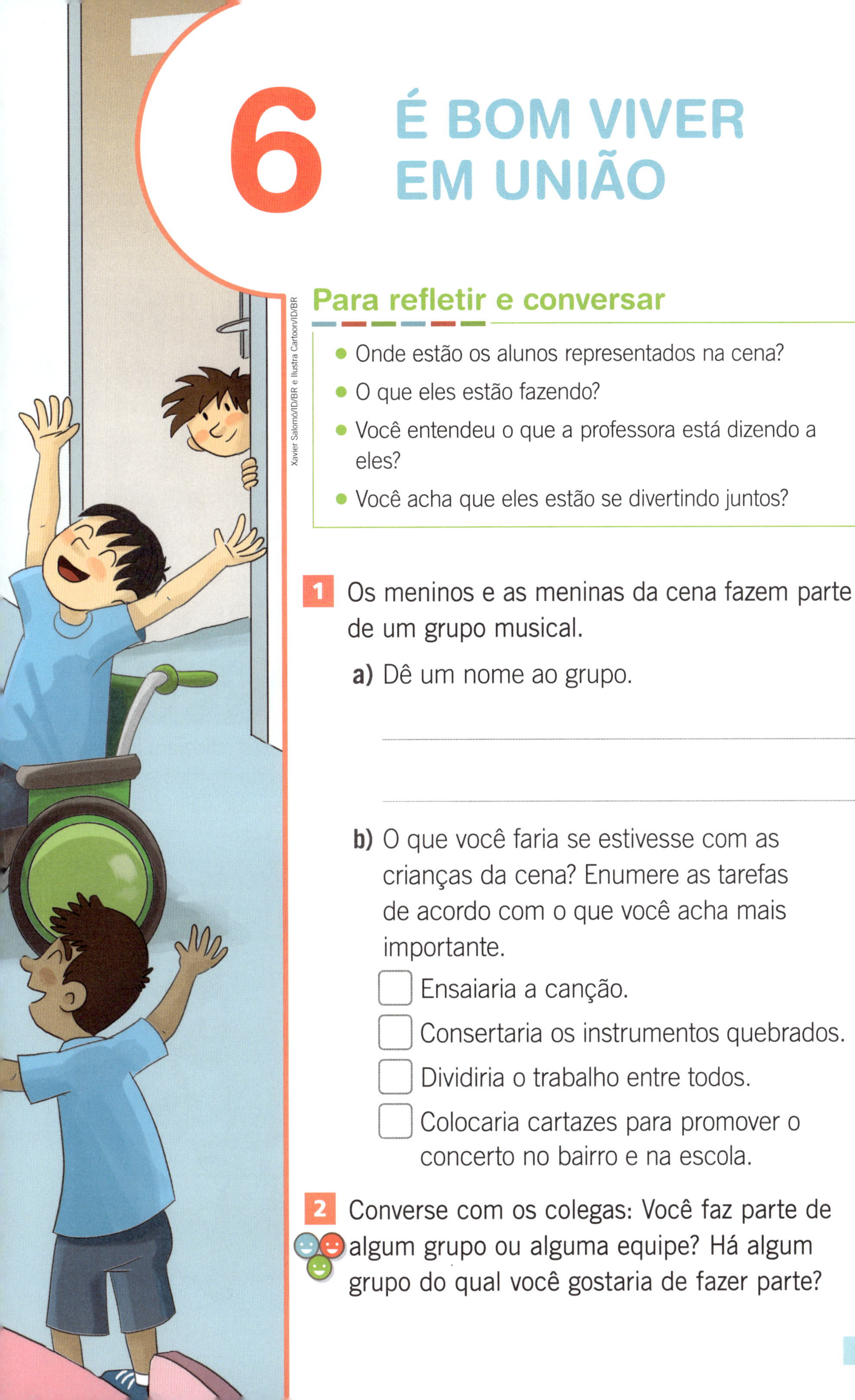

6 É BOM VIVER EM UNIÃO

Xavier Salomó/ID/BR e Ilustra Cartoon/ID/BR

Para refletir e conversar

- Onde estão os alunos representados na cena?
- O que eles estão fazendo?
- Você entendeu o que a professora está dizendo a eles?
- Você acha que eles estão se divertindo juntos?

1 Os meninos e as meninas da cena fazem parte de um grupo musical.

a) Dê um nome ao grupo.

____

____

b) O que você faria se estivesse com as crianças da cena? Enumere as tarefas de acordo com o que você acha mais importante.

- [ ] Ensaiaria a canção.
- [ ] Consertaria os instrumentos quebrados.
- [ ] Dividiria o trabalho entre todos.
- [ ] Colocaria cartazes para promover o concerto no bairro e na escola.

2 Converse com os colegas: Você faz parte de algum grupo ou alguma equipe? Há algum grupo do qual você gostaria de fazer parte?

Uma festa para todos (*Evangelho segundo Mateus* 22, 1-10).

1 Certa vez, um rei decidiu dar uma grande festa. Ele queria que todo mundo participasse dela. Com carinho, ele planejou tudo: arrumou a casa e preparou uma comida deliciosa.

Ilustrações: Xavier Salomó/ID/BR

2 Após tudo preparado, o rei pediu que seus ajudantes chamassem as pessoas da cidade para a festa. Então, eles foram de casa em casa, convidando a todos.

3 Muitas pessoas quiseram ir à grande festa do rei: pobres, doentes e pessoas que não podiam caminhar ou enxergar.

4 O rei recebeu todos com alegria, dando a eles as boas-vindas. A casa do rei encheu de gente, e todos ficaram muito felizes naquele dia.

Xavier Salomó/ID/BR

Para refletir e conversar

- Como o rei preparou a festa?
- Quem ele convidou?
- Como o rei recebia seus convidados?

1. Desenhe no espaço abaixo uma festa em que você foi bem recebido e se sentiu muito feliz.

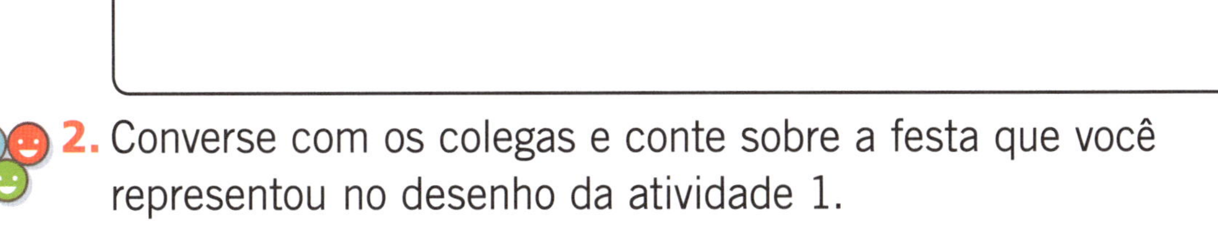

2. Converse com os colegas e conte sobre a festa que você representou no desenho da atividade 1.

COMPREENDENDO O MUNDO

As pessoas gostam de se reunir para festejar a vida.

Os católicos também costumam se reunir para celebrar a vida.

Observe algumas celebrações católicas.

Datas relacionadas a **Jesus**, como o Natal.

Juanmonino/iStock/Getty Images

Presépio natalino.

Maria, que é mãe de Jesus e mãe dos católicos. Isso é motivo de festa!

Edu Lyra/Pulsar Imagens

Imagem de Nossa Senhora de Nazaré com Jesus no colo.

Dias especiais dedicados aos **santos** que são exemplos de cristãos.

Zvonimir Atletic/Shutterstock.com/ID/BR

Imagem de São José com Jesus no colo.

A **eucaristia** é a celebração mais importante para os cristãos. Ela acontece durante a missa, em um momento especial.

Godong/Getty Images

Celebração da eucaristia na igreja Nossa Senhora dos Alagados, em Salvador.

Para refletir e conversar

- Converse com os colegas: Que festas religiosas vocês conhecem? O que elas celebram?

1. Pinte os retângulos que contêm nomes de festas religiosas.

Natal	Páscoa	Aniversário
Dia das mães	Festa Junina	Dia de Nossa Senhora Aparecida

2. Observe as imagens abaixo. Escreva que celebrações são essas e o que é festejado em cada uma delas.

a) ______________________

Franco Origlia/Getty Images

b) ______________________

Friedrich Stark/Alamy/Fotoarena

As pessoas se reúnem em determinadas datas e em locais específicos para celebrar a fé. Observe como algumas religiões fazem isso.

Aviator70/iStock/Getty Images

Meca, na Arábia Saudita, é sagrada para os muçulmanos.

Meca, uma cidade na Arábia Saudita, é sagrada para o islamismo. Todos os anos, mais de três milhões de pessoas visitam essa cidade. Para os muçulmanos, é fundamental ir à Meca pelo menos uma vez na vida.

Um dos lugares mais importantes para a Igreja Católica é a **cidade do Vaticano**, que fica na Itália. Católicos de todo o mundo costumam viajar para essa cidade para receber a bênção do Papa, pois é lá que ele vive.

Franco Origlia/Getty Images

Papa acena para a multidão na cidade do Vaticano.

selimaksan/iStock/Getty Images

Pessoas nas margens do rio Ganges, no festival do Khumba Mela, na Índia.

No hinduísmo, há um festival religioso chamado Khumba Mela. É realizado a cada doze anos, em quatro cidades sagradas da Índia.

Ao final da celebração, os fiéis se reúnem em um lugar chamado **Sangam**, onde três rios indianos se encontram.

1. Sublinhe no texto os lugares onde as pessoas de cada uma das religiões apresentadas se reúnem.

2. Você sabe se no Brasil existe um lugar muito visitado por cristãos católicos? Converse com os colegas.

RECORDANDO

- As pessoas se reúnem para compartilhar e celebrar a vida.
- As pessoas religiosas se encontram para celebrar eventos importantes relacionados com suas crenças.

1. Você se lembra da história bíblica apresentada nas páginas 70 e 71? Converse com os colegas e contem com suas palavras sobre a festa do rei.

2. Retire os adesivos da página 95 e cole-os nos lugares indicados. Depois, ligue-os às imagens correspondentes.

1

Ilustrações: Xavier Salomó/ID/BR

2

3

4

É melhor estarmos juntos

As pessoas costumam se reunir por diversos motivos.

Quando estão juntas, elas se ajudam e se alegram. Observe alguns exemplos.

Celebrar

Em muitos lugares do planeta, celebra-se a virada do ano. No Brasil, em muitas cidades litorâneas, é costume receber o **Ano-Novo** com uma grande festa na praia. Faz parte das tradições dessa festa vestir roupas brancas e celebrar a vida com a família e com os amigos.

Ari Versiani/AFP

Festa na praia para receber um novo ano, no município do Rio de Janeiro.

Compartilhar

As famílias católicas se reúnem de três em três anos, convocadas pelo Papa, no **Encontro Mundial das Famílias**. Nessa reunião, os participantes compartilham sua fé e refletem sobre a importância da família cristã e suas preocupações.

Carl Court/AFP

Papa Francisco abençoa uma família durante missa no Encontro Mundial das Famílias.

Proteger ou defender

As pessoas se juntam e saem às ruas para chamar a atenção para alguma situação que querem defender ou resolver.

Por isso, são comuns manifestações de pessoas que defendem o planeta, a vida, um sistema educacional de boa qualidade, ou que são contrárias a injustiças, como as guerras, por exemplo.

Nelson Almeida/AFP

Manifestação para defender os solos, no município de São Paulo.

Colaborar

Unasul é o nome de uma organização formada por 12 países da América do Sul, além de dois países da América Central. Esses países se juntaram para fortalecer o diálogo e a colaboração entre os seus governos e, assim, melhorar a qualidade de vida dos cidadãos desses países.

Rodrigo Buendia/AFP

Representantes da Unasul.

1. Para que se juntam ou se reúnem as pessoas em cada uma das situações mencionadas?

2. Você conhece outros motivos que levam as pessoas a se reunir ou unir forças? Comente com os colegas.

VIVENDO O QUE APRENDEMOS

Aprendemos que as pessoas se juntam para celebrar a vida.

1. Em casa, converse com sua família sobre festas ou celebrações das quais vocês costumam participar juntos. Depois, escolha uma e desenhe abaixo.

2. Em classe, compartilhem os desenhos uns com os outros e contem que festa desenharam.

Aprendemos que todos são bem-vindos para festejar a vida.

3. Em dupla, conversem sobre o que vocês aprenderam neste ano.

Rawpixel/iStock/Getty Images

As pessoas são únicas e diferentes. Todas devem ser respeitadas.

João Prudente/Pulsar Imagens

O povo de Deus é a Igreja.

FangXiaNuo/iStock/Getty Images

Jesus nos ensinou a rezar o Pai-nosso.

Suzanne Tucker/Shutterstock.com/ID/BR

É bom vivermos em união.

4. Converse com sua família.

a) O que vocês aprenderam juntos neste ano?

b) O que mais gostaram de fazer juntos?

5. Em classe, agradeça aos colegas pela companhia. Conte a eles como foi bom conviver durante este ano!

UNIDADE 1

A CRIAÇÃO DE DEUS É MARAVILHOSA.

1. CIRCULE NA CENA ABAIXO AS IMAGENS DESTACADAS NO QUADRO.

Ilustrações: Ilustra Cartoon/ID/BR

Ilustra Cartoon/ID/BR

2. PINTE A CENA COMO PREFERIR E DÊ UM NOME A ELA.

UNIDADE 2

FAZEMOS PARTE DE DIFERENTES COMUNIDADES.

1. RECORTE DE JORNAIS E REVISTAS IMAGENS DE CRIANÇAS, ADULTOS E IDOSOS. DEPOIS, USE-AS PARA FORMAR UM MOSAICO NO ESPAÇO ABAIXO.

2. DESEMBARALHE AS LETRAS PARA DESCOBRIR O QUE DEVEMOS FAZER PARA CONVIVER BEM COM TODOS A NOSSA VOLTA.

UNIDADE 3

A FAMÍLIA É A BASE DA SOCIEDADE.

1. O PEDREIRO ESTÁ CONSTRUINDO UMA CASA. COLABORE COM ELE, COLORINDO OS TIJOLOS QUE VOCÊ CONSIDERA MAIS IMPORTANTES PARA A CONVIVÊNCIA FAMILIAR.

2. CONVERSE COM OS COLEGAS SOBRE OS TIJOLOS QUE VOCÊ COLORIU. POR QUE VOCÊ ESCOLHEU ESSES TIJOLOS?

UNIDADE 4

Somos solidários uns com os outros.

1. Complete as palavras com a letra que falta em cada uma delas.

A) S O L I ____ Á R I O

Ilustrações: Ilustra Cartoon/ID/BR

B) S O L I ____ Á R I O

2. Em dupla, conversem sobre as imagens da atividade anterior.

a) O que está acontecendo na cena A? E na cena B?

b) Quem estava solitário?

c) Quem foi solidário?

UNIDADE 5

Jesus nos ensinou a falar com Deus.

- Marque com **X** sete diferenças entre as duas cenas.

Ilustrações: Ilustra Cartoon/ID/BR

UNIDADE 6

Gostamos de celebrar juntos.

1. As palavras dentro da imagem representam alguns ingredientes de festas.

- Pinte as peças que contêm as palavras e descubra a peça principal.

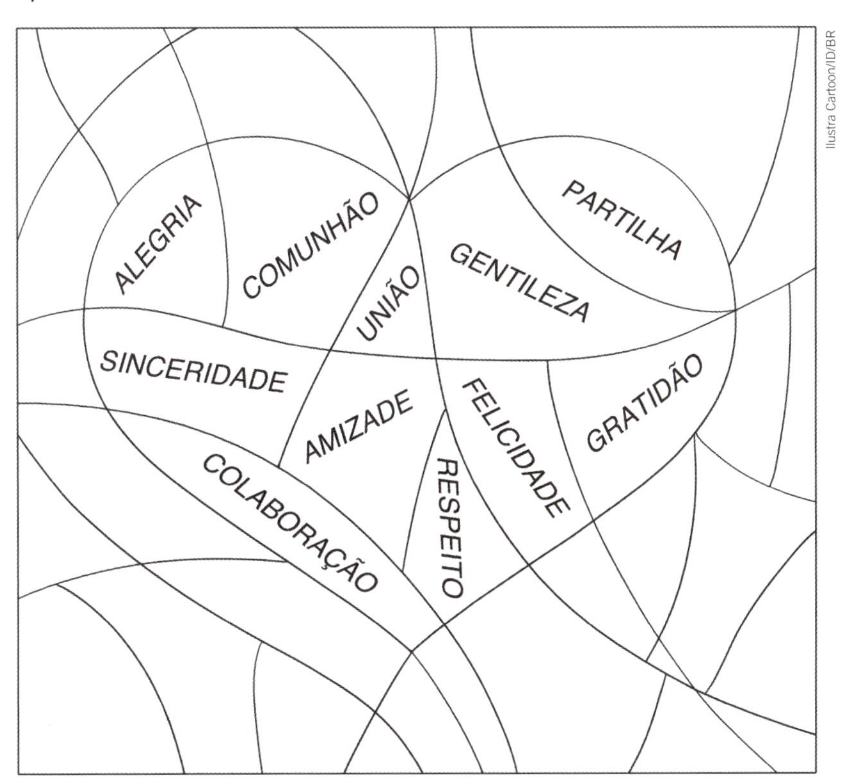

Ilustra Cartoon/ID/BR

A peça principal é um ______________________________.

2. Imagine que você e os colegas da turma vão organizar uma festa na escola para comemorar o fim do ano.

a) Em dupla, criem o convite para o evento em uma folha à parte. O convite deve informar:

- qual será a comemoração;
- local, data e horário;
- o que cada convidado deverá levar para a festa.

b) Decorem o convite como preferirem.

SEGUINDO OS EXEMPLOS DE JESUS

O QUE VOCÊ PRECISA PARA JOGAR

- DADO
- 1 GRÃO DE FEIJÃO E 1 GRÃO DE MILHO PARA VOCÊ E O OUTRO JOGADOR SEGUIREM PELA TRILHA DO TABULEIRO.

NÚMERO DE JOGADORES

2 JOGADORES.

REGRAS DO JOGO

- CADA JOGADOR, NA SUA VEZ, JOGA O DADO E ANDA O NÚMERO DE CASAS QUE O DADO MOSTRAR.

EXEMPLO: SE O DADO CAIU NO NÚMERO 5, ANDE 5 CASAS.

- QUEM CHEGAR PRIMEIRO NO FIM DA TRILHA É O VENCEDOR.

A OVELHA SE PERDEU. VOLTE 2 CASAS.
14
UMA PESSOA ESTÁ FERIDA. AVANCE ATÉ A CASA 17.
15
16
AJUDAR.
17
18
PARÁBOLA DO BOM SAMARITANO. VOLTE 2 CASAS.
19
O MENINO OFERECEU OS PÃES A JESUS. AVANCE ATÉ A CASA 22.
20
21
REPARTIR.
22
23
JESUS MULTIPLICOU OS PÃES E OS PEIXES. VOLTE DUAS CASAS.
24
JESUS ENSINA A MULTIDÃO A REZAR. AVANCE ATÉ A CASA 27.
25
26
REZAR.
27
28
29
JESUS NA ÚLTIMA CEIA COM OS DISCÍPULOS. AVANCE ATÉ A CASA 32.
30
31
SERVIR.
32
33
34
JESUS VALORIZA AS CRIANÇAS. AVANCE ATÉ A CASA 37.
35
36
VALORIZAR A INOCÊNCIA.
37
38
39
PARABÉNS, VOCÊ CHEGOU! SIGA OS EXEMPLOS DE JESUS.
FIM
Ilustra Cartoon/ID/BR

CONHEÇA MAIS

LIVROS

Edições SM/Arquivo da editora

UMA CAMELA NO PANTANAL, DE LUCÍLIA JUNQUEIRA DE ALMEIDA PRADO. EDIÇÕES SM.

UMA CAMELA APARECEU EM PLENO PANTANAL MATO-GROSSENSE. ESSA FÁBULA DESTACA A IMPORTÂNCIA DO MEIO AMBIENTE E DO RESPEITO ÀS DIFERENÇAS.

Edições SM/Arquivo da editora

VOVÔ MAJAI E AS LEBRES, DE TATIANA BELINKY. EDIÇÕES SM.

VOVÔ MAJAI É UM CAMPONÊS. CERTO DIA DE PRIMAVERA, ELE SALVA DEZENAS DE LEBRES QUE ESTAVAM PRESTES A MORRER AFOGADAS.

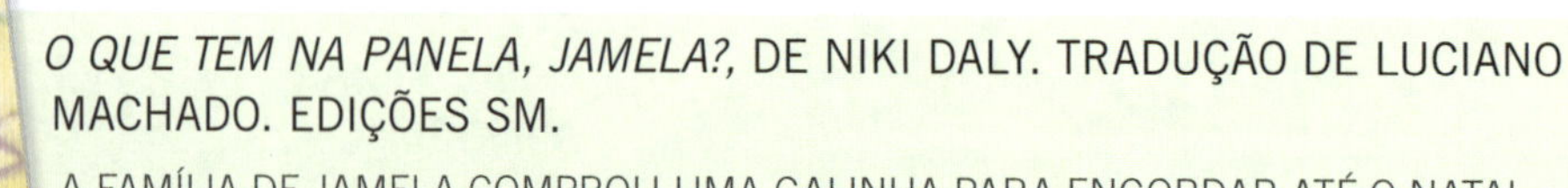

Edições SM/Arquivo da editora

O QUE TEM NA PANELA, JAMELA?, DE NIKI DALY. TRADUÇÃO DE LUCIANO MACHADO. EDIÇÕES SM.

A FAMÍLIA DE JAMELA COMPROU UMA GALINHA PARA ENGORDAR ATÉ O NATAL. JAMELA SE APEGOU À AVE E ARMOU A MAIOR CONFUSÃO, AFINAL, ELA NÃO QUERIA QUE MATASSEM A AMIGA.

FILME

Universal Pictures/ID/BR

PETS: A VIDA SECRETA DOS BICHOS. DIREÇÃO DE CHRIS RENAUD E YARROW CHENEY. BRASIL, 2016 (90 MIN).

MAX É UM CACHORRO QUE MORA EM UM APARTAMENTO COM SUA DONA. CERTO DIA, ELA RESOLVE TRAZER PARA CASA UM NOVO CÃO, E MAX FICA ENCIUMADO. ENTRETANTO, ELES APRENDEM A CONVIVER NO DIA A DIA E A SE AJUDAR.

VÍDEO

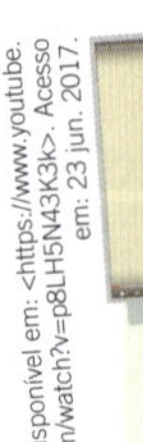

Disponível em: <https://www.youtube.com/watch?v=p8LH5N43K3k>. Acesso em: 23 jun. 2017.

BOM SABER SOBRE RACISMO RELIGIOSO. PORTAL BRASIL. DISPONÍVEL EM: <HTTPS://WWW.YOUTUBE.COM/WATCH?V=P8LH5N43K3K>. ACESSO EM: 16 JUN. 2017.

O VÍDEO, QUE ABORDA O CONCEITO DE RACISMO RELIGIOSO, MOSTRA QUE TODAS AS RELIGIÕES DEVEM SER IGUALMENTE RESPEITADAS.

RÁDIO

RÁDIO VATICANO. *LAUDATO SI'*. DISPONÍVEL EM: <HTTP://BR.RADIOVATICANA.VA/NEWS/TAGS/LAUDATO-SI-REPAM?P=2>. ACESSO EM: 25 MAIO 2017.

SÉRIE DE PROGRAMAS DE RÁDIO PARA CRIANÇAS COM O OBJETIVO DE DISCUTIR SOBRE PROBLEMAS AMBIENTAIS E SUAS CONSEQUÊNCIAS PARA OS SERES VIVOS.

ADESIVOS

UNIDADE 1

– PÁGINA 15

Ilustrações: Ilustra Cartoon/ID/BR

UNIDADE 2

– PÁGINA 23

Ilustrações: Xavier Salomó/ID/BR

– PÁGINA 25

A J R G I E

– PÁGINA 30

Ilustra Cartoon/ID/BR

ADESIVOS

Unidade 6

- Página 75

1

Um rei organizou uma festa para muitos convidados.

2

Os ajudantes do rei convidaram as pessoas da cidade.

3

Muitas pessoas quiseram ir à festa.

4

O rei recebeu todos com alegria.

RECORTÁVEIS

UNIDADE 3

– PÁGINA 39

Ilustrações: Xavier Salomó/ID/BR

RECORTÁVEIS

Unidade 4

– Página 51

Ilustra Cartoon/ID/BR

Unidade 5

– Página 59

N	I	S	O	P	O	S	A

– Página 63